SOUVENIRS DE 1870-71

ANATOLE de la FORGE

ET

FAIDHERBE

PAR

Ernest MUSEUX

Prix : 40 Centimes

Dépôt à Paris : chez **DELESALLE**, Libraire, 16, rue Monsieur-le-Prince
En vente chez l'Auteur
1, rue de Chateaudun, SAINT-QUENTIN (Aisne)
Et chez tous les Libraires.

1911

ANATOLE de la FORGE

ET

FAIDHERBE

PAR

Ernest MUSEUX

Prix : 40 Centimes

Dépôt à Paris : chez DELESALLE, Libraire, 16, rue Monsieur-le-Prince
En vente chez l'Auteur
1, rue de Châteaudun, SAINT-QUENTIN (Aisne)
Et chez tous les Libraires.

1911

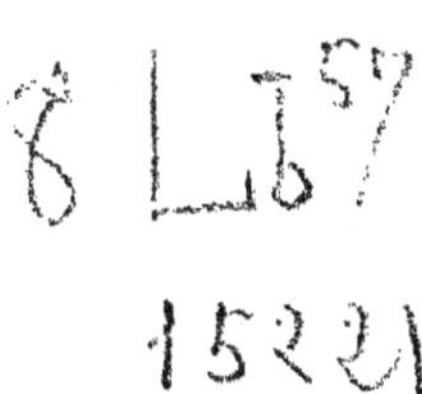

Ernest MUSEUX

L'AUTEUR

On lit dans la *Défense Sociale* de Paris, Revue Mensuelle, Littéraire, Scientifique et Politique, n° 1 (6e année), en date du 1er Mars 1902, sous ce titre : NOS AMIS.

MUSEUX Ernest, né à Saint-Quentin (Aisne), le 2 Octobre 1853, d'un père Voltairien, qui le laissa toujours jouir de son libre arbitre. Dès son jeune âge, il montrait déjà ce qu'il devait être ; élève de l'Ecole Mutuelle, il s'esquivait le dimanche lorsque le maître conduisait son école à la messe. Le lendemain, pour son déjeuner, on le mettait en retenue et au pain sec : *on ne le corrigea pas.*

Plus tard, élève de l'Ecole Quentin de la Tour et de la Société Industrielle, diplômé pour le dessin, le tissage, etc..., il entra à quatorze ans dans le Commerce.

Employé, Comptable, Caissier, Représentant de Commerce, Libraire, Négociant (tissus en gros), il fit tout cela tour à tour, et en même temps Publiciste, Journaliste, Littérateur.

En 1870, vers la fin de l'Empire, déjà républicain convaincu, il crie : « Vive la République », sur une dépêche prématurée, arrivée à Saint-Quentin lors de l'affaire de la Villette. Il manque d'être arrêté.

En Octobre de la même année, il prend part avec Anatole de la Forge, à la défense de la Ville contre l'envahisseur. Il appartenait alors à la Musique de la Garde Nationale (musique qui plus tard devint la Société d'Harmonie dont il fit partie).

C'est lui qui, avec quelques camarades, fit les premiers prisonniers allemands qu'on vit à Saint-Quentin.

En 1873, il avait organisé avec son ami Lemoine, une importante manifestation pour recevoir par des quolibets un train de pèlerins de retour de Lourdes. Ce fut une véritable émeute, les cagots récoltèrent dans les grands prix, il y eut arrestations.

Il fait partie du Cercle Républicain et organise un Comité Electoral et polémique avec les journaux locaux.

Il affiche lui-même la nuit, avec son ami Desportes, des placards contre la réaction qui relève la tête.

Sous le 24 Mai, il est sous-officier au 72e de Ligne à Amiens. Mac-Mahon prépare son Coup d'Etat et le régiment a sac au dos pour marcher sur Paris. Il organise une sédition avec quelques camarades résolus à ne pas prêter la main à un coup d'Etat et recommencer 1871.

L'ordre de départ ne fut pas donné, Mac-Mahon s'étant soumis ou démis.

Rentré dans ses foyers, il groupe les éléments du parti Socialiste Saint-Quentinois, il crée l'*Union Syndicale des Travailleurs*, la *Société de la Libre-Pensée*, organise des conférences avec Fournière, Guesde, Malon, Deynaud, Paule Minck, Léonie Rouzade. En 1880 son patron le jette sur le pavé. Arthur Monnanteuil écrivit à ce sujet en tête du *Citoyen de Paris*, un article intitulé « L'ASSASSINAT LÉGAL ».

Désespérant de retrouver du travail à Saint-Quentin dont le commerce est entre les mains de quelques gros fabricants qui s'entendent entre eux, il vient à Paris, — où la vie de militant est plus large — il fréquente les réunions, assiste au retour des déportés de la Nouve fonde le *Cercle Vallès* dans le Quartier-Latin, puis le *Cercle Germinal* avec son ami Beausoleil, crée le journal *Le Va-nu-Pieds* poursuivi dès son deuxième numéro; fait partie de la *Ligue pour l'abolition des armées permanentes* avec Gambon, Grangé, Breuillé, etc., de la *Ligue Socialiste* avec Zévaco, Emile Digeon, etc., de la *Ligue de la révision par le Peuple*, avec Vaillant, Place, Landrin, etc., du *Club de l'Art Social*, avec tous les écrivains avancés, Louise Michel, Grave, Descaves, Tabarant, Etienne Bellot, Malon, etc., du Groupe *La Commune*, avec Félix Pyat, Cluseret, Lefrançais, Urbain, etc., du Cercle *La Bosse*, avec Willéme, Blosseville, de Bercy, Rictus qui alors n'était encore que G. Randon; assiste aux Soirées de *La Plume*.

Fonde dans le VI⁰ arrondissement, L'Union Socialiste Révolutionnaire, dont il est le secrétaire pendant de longues années, un groupement puissant et modèle qui fait des cours, des conférences, dépose des propositions à l'Hôtel de Ville, organise une bibliothèque de prêt gratuit, fait des Elections, etc. (1). Son groupe l'envoie en délégation au Congrès Socialiste International de Londres (2).

Fonde dans le VI⁰ arrondissement l'œuvre de la Soupe Populaire dont il est l'administrateur pendant trois années.

Est délégué de la Libre-Pensée de Saint-Quentin à la Fédération de Paris.

Est délégué au Jubilé de Garibaldi et aux obsèques de Victor Hugo.

Est de toutes les manifestations, anniversaires, etc.

Socialiste révolutionnaire convaincu, il a toujours cherché à rapprocher les différentes écoles socialistes, possède des amitiés dans toutes les fractions du Parti, n'a jamais voulu être à la remorque de qui que ce soit, voulant conserver son indépendance. Depuis plus de vingt ans, il a collaboré sans désemparer à plus de cent journaux et Revues de Paris, de province et de l'Etranger. Citons : *Guerre à la Guerre*, de Nice ; *Le Franc-Parleur*, *Le Réveil Social*, *L'Avant-Garde*, de Saint-Quentin, où il a publié une étude sur Babeuf ; *La Révolution*, de Toulouse, *L'Action Sociale*, de Lyon ; *Le Tisonnier*, de Besançon ; *Le Gard Socialiste*, *Le Réveil des Mineurs*, de Saint-Etienne ; *La Manifestation du 1ᵉʳ Mai*, *Le Tocsin*, de l'Allier ; *L'Etoile Socialiste*, de Bruxelles ; *Le Journal de Charleroi*, *Le Parti Ouvrier* (Allemaniste), *Le Coup de Feu*, la *Revue Européenne*,

___

(1) Voir *Le monde Socialiste*, par Léon de Seilhac.
(2) Voir *La France Sociale et politique* (1891) et *Les Socialistes au Congrès de Londres* (1896) par A. Hamon.

L'Art Social, La Question Sociale et l'*Almanach de la Question Sociale, La Plume* (de Déchamps). Il a été chargé du numéro spécial consacré à la littérature socialiste avec Veidaux. A la *Revue Socialiste* de Malon, il publie une étude sur le Pessimisme, des Etudes sur Quentin de la Tour, Desrousseaux, etc. Il collabora encore à *L'Aurore Sociale*, au *Journal du Peuple* (Blanquiste), au *Chambard* de Gérault-Richard, à l'*Egalité* de Jules Roques, au *Bon Citoyen*, au *Montrougien* (sous les pseudonymes LE LION DE BELFORT et MÉPHISTOPHÉLÈS), pendant dix ans, il y publie les Salons, des Nouvelles, des Premiers Paris, des Chroniques; où il fit une campagne violente contre le Boulangisme, violente au point qu'un soir les boulangistes du Grand-Montrouge se sont rassemblés et sont allés mettre le journal au pillage. Le Directeur lui écrivit pour lui demander de modérer son allure.

Ses polémiques avec Rama et Delaurier sont restées mémorables.

Sa campagne contre la loi de 1838 sur les Aliénés, où il ne consacra pas moins de 25 articles sur la question, doublée d'enquêtes, de meetings, est restée célèbre. Toute cette campagne avec des documents qui feront sensation est réunie dans le volume à paraitre «Bastilles et Oubliettes modernes ».

Il a publié deux volumes d'une série qui paraitra sous ce titre : *Les Défenseurs du Prolétariat*, 1° Ernest Pichio et son œuvre ; 2° Eugène Pottier et son œuvre ; qui sont les travaux les plus complets qui aient été publiés sur ces deux citoyens, le grand peintre du peuple et le poète des révoltés, auteur de l'*Internationale*.

A en manuscrit n'attendant plus qu'un éditeur, un certain nombre de volumes et brochures, parmi lesquels nous citons : l'*Ecole Décadente, Bastilles et Oubliettes modernes, Contes en deux temps, Ceux de 1871, Pages Militantes, En Glanant, Mes Vendanges, Etudes Artistiques, Sanguins et Fusains, Nos Morts, Les Défenseurs du Prolétariat* (suite) ; a les palmes académiques.

Pendant l'affaire Dreyfus, le citoyen Museux ne prit

position ni pour ni contre, il aurait cependant été plutôt pour, s'il avait jugé utile qu'on fit autant de bruit autour de cette affaire. Un article publié par la *Question Sociale* a cependant pris place dans le *Livre d'Éloges des Écrivains Français à Émile Zola*.

Le citoyen Museux, qui est un violent comme écrivain, est cependant un timide et un modeste.

Il a toujours fui les salles de rédaction et eu horreur des antichambres des Éditeurs.

On lui a différentes fois proposé des candidatures à Paris et en Province, il les a déclinées ; aussi, bien que sur la brèche depuis plus de vingt-cinq ans, il reste un simple combattant de l'armée sociale, un humble, presque un inconnu.

NOTA

Je crois utile de fixer en une brochure les articles que j'ai publiés sur deux grands citoyens qui ont joué un si noble rôle pendant la Guerre de 1870-71, et d'y joindre les deux lettres que j'ai reçues d'Anatole de la Forge.

Je compléterai plus tard, en une autre plaquette, par une page sur la défense de Saint-Quentin contre les allemands le 8 Octobre 1870, ces souvenirs de l'année terrible.

L'Auteur.

Deux lettres d'Anatole de La Forge à Ernest Museux

Chambre des Députés   Dimanche

Mon cher Compagnon d'armes,

Venez me voir mercredi prochain de neuf à onze heures du matin nous causerons de votre affaire et de vos patriotiques souvenirs de Saint-Quentin.

A vous cordialement,

Anatole de la Forge.

72, Avenue de Villiers.

24 Juillet 1887.

Chambre des Députés　　　　　*Paris, le 23 Juin 1888*

Mon cher confrère et ami,

*Je vous remercie des bienveillantes apprécia-
tions de votre chronique du* **Montrougien**. *J'y retrouve avec vos sympathies pour moi votre ferme ardeur pour les principes républicains.
Merci du fond du cœur.*

Anatole de la Forge.

P.-S. Adressez-moi votre protégé le Mercredi de 9 heures à onze heures du matin, 72 (et non plus 10), Avenue de Villiers.

A M. E. Museux, 93, rue Denfert-Rochereau.

NOTA : Dans sa lettre du 23 Juin 1888, Anatole de la Forge parle d'une « *Chronique du Montrougien* ». Elle ne figure pas dans cette brochure, ayant été égarée.

DÉMENTI A LA " COCARDE "

A eux le « pompon », les « cocardiers » pour la mauvaise foi ! La feuille de choux du soir ultra-Boulangiste « La Cocarde » a, on le sait, lancé ce ballon d'essai ; « Dans une réunion intime qui a eu lieu à la fin de la semaine dernière chez M. Floquet, réunion à laquelle assistaient MM. Clémenceau, Ranc, Ch. Laurent, Sigismond et Anatole de la Forge, il a été décidé que ce dernier allait donner sa démission de député de la Seine pour provoquer une élection à brève échéance. »

Mais, comme cette information avait été composée — deux fois — au bureau du dit journal, Anatole de la Forge n'a pas eu de mal à la réfuter, même à la déclarer fausse d'un bout à l'autre, et de plus en motivant sa réfutation si digne que nous nous permettons de mettre sous les yeux de nos lecteurs, la voici d'après l'agence Havas : M. Anatole de la Forge nous prie d'insérer la réponse suivante qu'il fait aux informations données par *la Cocarde* :

« 1° J'affirme n'avoir jamais assisté ni à un diner, ni à une réunion chez M. le Président du Conseil :

2° J'affirme egalement n'avoir jamais dit un mot à mes amis Clémenceau. Sigismond Lacroix, Ranc et Charles Laurent d'une élection plus ou moins prochaine dans le département de la Seine.

3° J'affirme encore n'être pas de ceux qui se chargent d'exécuter le plan des autres et qui se « soumettent » à une décision qu'ils n'approuvent point.

4° Enfin, je déclare qu'il n'y a, dans le maintien de ma démission de vice-président de la chambre des députés, aucune manœuvre électorale, mais seulement la volonté d'obéir à ma conscience et de sauvegarder ma dignité personnelle.

« J'ai offert il y a quelques mois, le combat électoral à M. le général Boulanger ; il a cru devoir la refuser. Je l'attends maintenant aux élections générales. La population du département de la Seine choisira alors entre la politique césarienne et la politique nettement républicaine. »

« Anatole de la Forge ».

Vous êtes, mon cher ami, vraiment trop bon de perdre votre temps à réfuter les inventions des Canards Boulangistes. Est-ce qu'on discute avec ces gens là ? Allons donc ! Entre ces aventuriers et votre honorabilité, votre rectitude, l'opinion publique ne balancerait pas. N'insistons donc pas !

Lettre au journal " La Lanterne "

Combien nous réconforte la lettre si digne que vient d'adresser mon vieil ami Anatole de la Forge au journal *La Lanterne*, à propos des débats soulevés par la révision. Faisons-la connaitre à nos lecteurs, cette lettre, d'un vieux gaulois — *lui surtout* — sans peur et sans reproche ; elle donne des éclaircissements sûrs et vrais sur l'affolement Boulangiste, et, on peut s'en rapporter à ce que dit le vieux lutteur démocrate, le grand défenseur de Saint-Quentin — son intégrité est à l'abri d'aucun soupçon : il est aimé de tous, et respecté de ses ennemis, s'il en a :

« Paris, le 6 Juin 1888.

« Monsieur le Directeur,

« Sous ce titre : « La Constituante proposée par M. Anatole de la Forge » vous reproduisez textuellement d'après le *Journal Officiel* le discours que j'ai eu l'honneur de prononcer devant la Chambre des Députés le 30 juin 1884. Vous le faites même précéder d'appréciations bienveillantes.

« Je vous en remercie, car vous confirmez ainsi cette

vérité que le parti radical n'avait pas attendu la venue des boulangistes pour réclamer une Assemblée constituante élue par le suffrage universel, et spécialement chargée de la révision.

« Eh bien ! tout ce que je disais alors, je le pense encore aujourd'hui, et je le redemanderai dès que le cabinet actuel, fidèle à la promesse, abordera cette question.

« J'ajoute que si, par impossible, le gouvernement en qui nous avons toute confiance, oubliait ses engagements (ce que je ne puis admettre), mes amis et moi nous passerions outre en portant le débat à la tribune. C'est assez vous dire, monsieur le directeur, que je n'ai pas cessé de croire que « refuser de demander au pays d'élire une Constituante, vouloir restreindre les droits de la nation, c'est diminuer la souveraineté populaire, c'est être révolutionnaire ».

« Vous demandez : « Qui donc a changé d'opinion ? Est-ce la *Lanterne* qui a toujours soutenu cette théorie, ou ceux qui ayant acclamé cette théorie en 1884, la repoussent en 1888 ».

« Permettez-moi de vous répondre que, aucun des membres du parti radical n'abandonne ces revendications produites longtemps avant même la proposition révisionniste de M. Michelin qui, alors ne faisait pas partie de la Chambre. Mais ce que nous ne voulons point (et vous le comprenez très bien), c'est d'obéir à l'outrecuidante injonction du petit groupe boulangiste, dont vous êtes l'un des chefs, groupe qui s'arroge le droit de nous dicter l'heure de la révision, à laquelle il ne tient que dans le but de favoriser les visées ambitieuses d'un César de rencontre, à la recherche de la meilleure des dictatures.

« Nous demander cela, c'est nous inviter à une lâcheté. Or nous ne sommes pas gens à la commettre.

« Veuillez agréer, Monsieur le directeur, l'expression de mes sentiments les plus distingués.

» ANATOLE DE LA FORGE. »

SÉANCE DE LA VALIDATION DE JOFFRIN

Enfin la question Joffrin qui semblait vouloir se per-
pétuer et prendre l'importance d'une question d'Etat,
s'est dénouée à la Chambre lundi dernier, non sans
peine.

Il n'a pas fallu moins de six heures et dix discours
pour cela, sans compter nombreuses interruptions
aigre-douces de part et d'autre.

Que d'encre, que d'articles de journaux, que de polémiques pour cette maudite question, et que de temps
précieux dépensé pour cette affaire de piteuse importance ! Dire qu'avec des gens consciencieux, cela aurait
pu être tranché dès le lendemain des élections et même
ne pas exister du tout, il semblait que cette élection devait décider le sort de la France, et de la République. Il
n'en était rien cependant, quoiqu'il en fut advenu, ce
n'était jamais qu'un siège et qu'un cinq cent quatre-
vingtième de la représentation nationale. qui était un
jeu. Dans ce tripotage électoral, tout le monde a bar-
botté, aucun n'a été correct. Electeurs, sections de vote,
gouvernement, police, préfecture, bureau de validation,
Chambre, tout cela a ergoté à qui mieux mieux.

Si je m'étais appelé Joffrin, j'aurais dès le lendemain
de n a proclamation « d'élu » envoyé ma démission, ne
voulant pas d'un mandat qui ait soulevé des réclama-
tions dans tous les camps, des discussions. des tâton-
nements. des hésitations à n'en plus finir, mais tout le
monde n'est pas modeste. et Joffrin voulait être député
— coûte que coûte et par tous les moyens ou n'importe
quel moyen — il l'est, la Chambre l'a validé lundi, par
311 voix contre 243.

*
* *

Voyons un peu, très résumée. la physionomie de
cette séance désormais fameuse.

La Chambre est au complet, les tribunes pleines, on
pressent une séance orageuse. A vrai dire, c'est la
« première grande séance » de cette législature.

M. Laguerre a le premier la parole. Il parle au point de vue juridique et ennuie l'auditoire jusqu'au moment où, du calme avec lequel il avait commencé, il devient violent, insulte, dit que Boulanger a été livré à « une basse justice politique » mot que M. Floquet, le prie de retirer, et il obéit. M. Lévêque, le rapporteur du 9ᵉ bureau répond en légiste aussi, met les lois au-dessus du suffrage universel (question à résoudre) et déclare M. Joffrin élu.

M. Laisant lui succède, parle de son maitre, le « suffrage universel », mais on lui crie : « c'est Boulanger votre maitre ». Il attaque la Haute-Cour dont le jugement pèse plus sur les juges que sur les accusés.

« Ce jugement ne pèsera pas sur ma mémoire » réplique Léon Say. Il continue par l'éloge de Boulanger, lequel, a dit-il, relevé le moral de l'armée » ? On s'indigne, on proteste. Il s'appelle républicain et patriote et comme il insiste, le président le rappelle à la question par ces mots :

« Il est inutile d'aggraver par une répétition, l'inconvenance de votre langage ».

M. Brisson monte à la tribune et proteste contre les paroles du précédent orateur. Non ! « l'armée n'a pas attendue M. Boulanger, n'a pas eu besoin de lui, certes, pour être ce qu'elle est » ; puis il prend la question au point de vue politique, il n'admet pas qu'on ait l'air de revenir sur ce qui a été fait. La porte doit rester fermée aux factions. La loi existe, il faut la respecter. La clôture est demandée, mais refusée.

M. Ernest Roche, ex-révolutionnaire blanquiste, devenu boulangiste pour devenir député, accuse la Chambre de vouloir étrangler les principes sous prétexte de légalité, déclame comme d'habitude dans les réunions publiques avec son accent méridional, qu'il revendique la responsabilité de son vote devant l'histoire, on entend des oh ! oh !

M. Joseph Reinach, un nouveau comme Roche, soutient la thèse de M. Brisson, et déclare qu'il votera la validation de M. Joffrin, engageant ses collègues à ne pas mêler leurs bulletins à ceux des boulangistes et des réactionnaires.

M. le docteur Desprez parle dans le sens opposé. Il votera contre la validation, parce qu'on ne doit pas froisser le suffrage universel.

M. Maujan, encore un nouveau, ancien capitaine, ancien officier d'ordonnance du général Thibeaudin, prend sa revanche de l'autre jour, quand il déposa son projet de révision ; de sa voix forte, chaude et vibrante, il expose la doctrine qui met la République au-dessus du suffrage universel, au-dessus de ses fautes et de ses erreurs ; il se passionne, et d'une telle éloquence, il dit que Joffrin est régulièrement élu et que cela doit suffire à la Chambre pour le valider, sinon, ajoute-t-il, nous reverrions ces camelots, ces patriotes, à quarante sous...

Bruits, tumultes, la gauche applaudit à tout rompre, les boulangistes crient, l'orage éclate ; Déroulède menace, gesticule au pied de la tribune ; Barrès tempête. un autre tonne : « Faites-nous donc respecter » et l'on rit, alors le président dit : « Je ne croyais pas qu'aucun des membres de la Chambre se fût reconnu dans les paroles de l'orateur ». Le coup était droit.

M. Floquet se fait applaudir à son tour. Les boulangistes atterrés, gardent le silence, sauf le jeune Barrès, qui se fait rappeler à l'ordre. Le calme rétabli, M. Maujan termine en disant : « Je m'adressais à la bande payée qu'on a vue jadis, dans les beaux jours, escorter M. Boulanger, quand il faisait le tour de l'obélisque en landau ». On lui fait une ovation.

M. Camille Pelletan dit quelques mots pour conclure à l'invalidation : la Chambre ne peut admettre comme représentant de Clignancourt, l'élu de la minorité.

M. Déroulède monte à la tribune, agite ses grands bras comme les ailes d'un moulin à vent. On le laisse dire. Il divague pendant vingt minutes, un pathos dans lequel on entend toutes les deux minutes le nom de Boulanger ; enfin, il propose un amendement tendant à déclarer élu M. Boulanger. M. Maigne demande la question préalable, on ne le laisse pas parler, il avait pourtant raison : « On ne devait pas mettre aux voix la validation d'un inéligible ». On vote sur l'amendement Déroulède, il est repoussé par 370 voix contre 123. Cluseret propose l'annulation pure et simple de l'élection de Clignancourt ; elle est repoussée par 311 voix contre 243, et M. Joffrin est déclaré élu. Des tribunes, on a crié : « A bas Joffrin ! ». Ce sont des boulangistes qui ne sont pas contents de la journée, cela se comprend. Et la comédie est jouée.

Joffrin est élu, soit ! mais à quel prix ? Si j'avais été député, j'aurais voté pour l'annulation, car je n'admets pas que des socialistes usent de petits moyens pour arriver. On se rappelle qu'Anatole de la Forge s'était porté candidat dans cette circonscription pour se trouver en face de Boulanger. Aussitôt au parti ouvrier, on jeta les hauts cris, prétextant qu'on allait faire le jeu de Boulanger en divisant les forces républicaines, qu'il ne fallait qu'un candidat républicain, unique, etc., etc. Voyant que cela ne prenait pas tout d'abord, et sachant la notoriété d'Anatole de la Forge, ils usèrent d'un moyen dans lequel ils excellent : une grande réunion publique dans laquelle les électeurs choisiront leur candidat.

L'honnête Anatole de la Forge se laissa prendre à cette petite supercherie, accepta, et une salle « bien composée » donna la majorité à Joffrin, Anatole de la Forge, se retira.

Pourquoi, à cette époque n'ont-ils pas dit comme aujourd'hui, que Boulanger est inéligible et que, par conséquent, on doit annuler les bulletins à son nom ?

Parce qu'alors deux, trois, quatre républicains sur les rangs, il y avait moins de chance pour Joffrin, et qu'il n'aurait pu arriver que second.

Qu'on consulte la collection du « Parti ouvrier », journal de M. Joffrin, on y lira des grossièretés, des insolences, des insultes, dont ils ont accablé Anatole de la Forge, l'homme intègre qui avait été jusque là respecté par tous les partis.

Voilà les possibilistes !

Le Lion de Belfort.

ANATOLE DE LA FORGE

Je me sens forcé de remettre à huitaine mon article sur les Salons pour saluer, au moment où il disparait, cette grande figure que fut Anatole de la Forge.

C'est comme un coup de foudre que le bruit de sa mort se répandit ; on l'attribuait à une attaque d'apoplexie, mais la vérité fut connue bientôt et l'on sut qu'il s'était suicidé. Et puis après ? Pourquoi avoir essayé de cacher ce coup de revolver pour mettre la mort sur le compte de la maladie. Anatole de la Forge a été héroïque jusqu'au bout, quand il s'est cru inutile, il s'est supprimé, ne voulant pas rester à charge à personne. Il s'en va en tout cas, sa carrière bien remplie, son effort donné, et sa mémoire ne sera pas atteinte par l'idiote répulsion qu'on a du suicide.

Pour nous, notre estime pour lui n'en sera pas diminuée, il meurt comme il a vécu, en stoïque. Il sentait ses facultés baisser et obligé à 72 ans de vivre de sa plume, après avoir occupé de hautes situations, qui auraient laissé dans les mains d'un tas d'autres de quoi vivre. Il refusa même une sinécure qui lui eût permis de finir ses jours dans la paix douce et calme d'une belle vie, ce qu'on appelle une compensation en politique, il refusa toujours, honnête et intègre, il prétexta qu'il était trop vieux et ne pourrait remplir cette dernière mission qu'imparfaitement. C'était à propos de la succession d'Arago comme Conservateur du Musée du Luxembourg.

Toute la presse a été unanime à rendre hommage à notre vieil ami, seuls deux ou trois journaux ont bavé sur ce Bayard de la démocratie pour l'accuser d'ambition démesurée et pour mettre sur le compte de l'orgueil inassouvi le coup de revolver qui le tua. On n'est pas plus diffamateur, ce fut l'homme le plus simple qu'il fut et en voici une preuve.

Après 1870, de la Forge fit à Saint-Quentin de nombreuses connaissances, il était sollicité par les gros

bonnets de l'endroit qui ouvraient tout grands leurs
somptueux hôtels, trop heureux de recevoir cet homme
si honorablement estimé et doublé d'un haut fonction
naire.

Il refusa toujours, et chaque fois qu'il vint à Saint
Quentin, et il y vint souvent, il descendait chez un vieil
ouvrier relieur qui avait en 1870 fait partie du comité d
résistance, notre ami Victor Dufour, plus âgé que de l
Forge et plus pauvre que lui. Il ne pouvait mettre à l
disposition de son chef de 1870 qu'un petit lit de fer ; de
la Forge s'en contentait et préférait cela à une somp
tueuse et riche chambre qu'on lui offrait de toutes parts

De la Forge était né à Paris en 1821. Il débute de bonn
heure dans la diplomatie et remplit une mission e
Espagne en 1846. Attaché à la Légation de Florence
puis secrétaire d'ambassade à Turin et à Madrid, i
donne sa démission pour embrasser la carriére de jour
naliste ; après 1848, collabore au *Portefeuille*, à *l'Esta
fette* et au *Siècle*, qui était alors un des journaux le
plus avancés, où il combattit l'Empire toute son exi
tence.

Après le 4 septembre, il est nommé Préfet de l'Aisn
se rend à son poste trouvant la moitié de son départe
ment envahi par les Allemands, y compris la ville d
Laon, sa préfecture. Il va installer son administration
St-Quentin et y organise la défense du territoire. Il y
de cela bientôt 22 ans, et cependant ces souvenirs so
restés fidèlement gravés dans notre mémoire, comm
s'ils étaient d'hier. Cela se comprend, de pareils événe
ments font toujours une profonde et cruelle impressio
sur de jeunes cervelles comme nous étions à cet
époque.

Nous le voyons encore arriver à Saint-Quentin venai
de Paris, encore revêtu du costume des francs-tireu
de la Presse, dont il fit partie, costume qu'il ne quitt
pas, du reste, durant son séjour à Saint-Quentin : par
talon et vareuse foncé. Quand nous le vimes monter su
le balcon d'une fenêtre de l'Hôtel de Ville un drapeau
la main, y proclamer la République et la défense à ou
trance, quand nous vimes cette tête énergique un p

rude, la figure un peu grêlée, sa barbe longue et touffue, ses cheveux abondants et frisés, noirs malgré ses 50 ans, nous fûmes empoignés et consolés, nous avions un homme à notre tête.

Aussitôt arrivé, il organise la résistance, fait construire des barricades à l'entrée de cette ville ouverte, fait sauter le pont du canal au pied de la ville, et attend l'ennemi avec une confiance héroïque. Le 8 octobre les Allemands se présentent, ils sont nombreux. C'était un samedi, jour de marché, il était dix heures du matin. Le tocsin sonne l'appel aux armes, les tambours battent le rappel.

De la Forge sort de la sous-préfecture avec un revolver et son épée, tête nue, il court à l'Hôtel de Ville, donne des ordres.

Ce fut un brouhaha indescriptible, un remue-ménage s'opère par toute la ville, tout frémit, on sent passer comme un souffle patriotique dans toutes les poitrines, et l'on descend aux barricades que nous avions faites solides, hautes, dans les principes. Le feu commence

De la Forge n'avait à mettre en ligne que la compagnie de sapeurs-pompiers, la garde-nationale (composée comme sous l'Empire des gens patentés — c'est-à-dire des bourgeois), et quelques volontaires et francs-tireurs. La première barricade située au Petit-Neuville défend le faubourg d'Isle, mais peut être tournée; après une escarmouche, elle est abandonnée, et les défenseurs se replient derrière celle du pont d'Isle, seule entrée de la ville par ce côté. L'ennemi s'avance, et le combat s'engage, on lutte jusqu'à 4 heures du soir, et l'ennemi repoussé se replie, laissant quelques prisonniers entre nos mains et quelques morts.

Nous avions eu deux citoyens tués et quelques blessés, dont Anatole de la Forge. Le gouvernement félicita la ville de Saint-Quentin, ville ouverte, et son chef, le préfet Anatole de la Forge, de cette belle résistance.

Quelques semaines après, l'ennemi revint en grand nombre, mais le Comité de résistance estima qu'on avait fait ce qu'il était matériellement possible de faire. De la Forge partit et alla demander un autre poste ; il fut nommé préfet des Basses-Pyrénées où il fit encore une ardente propagande pour la guerre à outrance. L'Assemblée de malheur ayant voté la paix, il donne sa démission et redevint simple journaliste.

Nommé directeur de la Presse au ministère de l'Intérieur, il écrit un rapport sur la liberté de la Presse qui gêne en haut lieu, il s'en aperçoit et se retire. En 1881, il est élu député du neuvième arrondissement en remplacement d'Emile de Girardin, décédé.

Il est plus tard nommé vice-président de la Chambre et démissionne n'ayant pas obtenu gain de cause dans un différend entre la Presse et les questeurs.

Quand le boulangisme vint, il fut un de ceux qui se plantèrent carrément en face et le combattit vigoureusement (1).

Dans ces derniers temps, retiré de la vie politique, il collaborait au *Siècle*, à l'*Evènement*, à la *Lanterne*, où il publiait ses estimées : « LETTRES DÉMOCRATIQUES. »

On lui doit une *Histoire de la République de Venise sous Manin, la Pologne en 1864, la Peinture contemporaine en France, l'Instruction publique en Espagne, l'Autriche devant l'opinion, les Défenseurs de la Démocratie*, etc. Il meurt pauvre, mais estimé de tous, sans un ennemi même parmi ses adversaires.

Nous saluons avec un profond respect cette grande figure qui disparait, mais qui vivra dans nos cœurs éternellement, car il fut un de ces hommes de plus en rares à notre époque de compromissions et de décadence.

LE LION DE BELFORT.

(*Montrougien* du 12 Juin 1892).

---

(1) Comme on l'a vu plus haut.

FAIDHERBE

Je le vois encore le soir du 19 janvier 1871 alors qu'il organisa, ordonna la belle retraite de l'armée du Nord, après la sanglante bataille de Saint-Quentin, qui avait duré toute la journée. Il allait, venait, donnait des ordres, examinait des plans, sec, nerveux, monté sur son cheval arabe, ou assis à une table d'hôtel dont il avait fait son quartier général. On ne voyait pas, derrière ses lunettes, son œil profond mais inquiet ; il savait d'avance quel serait le résultat de cette journée mémorable, mais il fallait agir ; il agissait en soldat discipliné.

Ce n'était pas avec les débris de l'armée de Sedan, quelques mobiles, quelques volontaires aguerris à la hâte, et dont l'effectif allait à peine à trente mille hommes, qu'il pouvait lutter contre cent mille hommes de troupes que les Allemands lui opposaient.

Le devoir le commandait, Paris devait, ce jour-là, faire une grande sortie ; il fallait distraire de la capitale le plus d'assiégeants possible, il se heurta donc contre les masses ennemies.

La jeune armée déjà victorieuse à Pont-Noyelle et à Bapaume, prit position, dès six heures du matin, autour de Saint-Quentin. Après une lutte acharnée, sans pareille, ininterrompue pendant près de dix heures, Faidherbe, qui avait suivi les phases de la lutte pas à pas, fit rentrer ses troupes dans la ville et exécuta la retraite de son armée sans perte sérieuse. Les Allemands craignant une lutte de rues n'osèrent pénétrer dans la ville, qu'ils bombardèrent de loin pendant deux heures, pendant ce temps l'armée du Nord rétrogradait vers Cambrai.

Les ennemis perdirent six mille hommes les Français trois mille. Les Allemands ramassèrent quelques retardataires, quelques traînards, mais pas un canon français ne leur resta entre les mains. Ils ne poursuivirent pas l'armée de Faidherbe, n'étant pas rassurés, connaissant l'homme, son savoir, sa ténacité, craignant l'embuscade. C'est une victoire qui leur coûta cher et dont ils ne profitèrent pas.

La population de la brave cité Saint-Quentinoise aida beaucoup à la retraite des retardataires et à la dissimulation des trainards qui eussent été faits prisonniers, en les revêtant d'effets civils.

Ce n'est pas seulement pendant la guerre que le général Faidherbe se signala ; ce n'est pas seulement au moment de l'invasion que le général républicain fit son devoir ; c'est toujours ; et si son nom reste attaché à la défense nationale, il restera également lié aux luttes coloniales, au Sénégal surtout, qu'il gouverna en humain, considérant les noirs comme des hommes et non, suivant l'habitude, comme des esclaves.

L'homme de ces merveilles n'est plus ! Faidherbe, aimé et respecté de tous, vient de mourir après une longue et douloureuse maladie contractée en Afrique.

Après avoir été membre de l'Assemblée Nationale, sénateur, il meurt grand chancelier de la Légion d'honneur.

C'était un homme intègre, n'aimant pas les flatteurs et n'ayant jamais été le courtisan de quelqu'un, simple, il détestait l'apparat militaire, philosophe érudit, écrivain technique, savant stratégiste, il laisse de nombreu. ouvrages.

Mis de côté par l'Empire, pour ses opinions républicaines, il ne récrimina pas des retards qu'il subit dan. sa carrière. Il fit son devoir jusqu'au moment où la République le rappela en France, qui en lui rendant ce qu' lui était dû, lui permit de mettre en lumière ses capacités et son dévouement.

Faidherbe, homme d'étude, ne s'occupait guère d politique, la guerre des partis n'était pas la sienne, i restait en dehors de nos divisions ; cependant un jour i fut navré de voir un général avoir la prétention de l réorganisation de l'armée, s'attribuer la gloire de la re lever ; et jugeant dans ce politicien empanaché, l'ambitieux que nous reconnaissons comme tel aujourd'hui, i n'hésita pas pour une fois à parler. C'était après l'élection du Nord, Faidherbe, enfant de Lille, écrivit quelque lignes qui resteront dans l'histoire, sur l'homme équivoque qui tenta de faire main-basse sur la France.

La République a fait au général Faidherbe des obsèques nationales dignes de lui.

Nous saluons cette belle figure, et comme socialiste, «ennemi naturel des soldats», nous admirons l'exemple que ce citoyen laissera à tous, et particulièrement aux généraux, dans sa conduite droite et inattaquable, tant que la paix universelle n'aura pas licencié les armées permanentes.

Le Lion de Belfort.

(*Montrougien* du 6 Novembre 1889).

CHRONIQUE

Dans mon article de dimanche dernier sur Faidherbe, je constate, qu'on a de parti-pris supprimé les paroles que le général républicain appliqua sur la face du général fumiste, paroles rapportées cependant par un grand nombre de journaux, paroles, quoi qu'on fasse, qui resteront gravées dans l'histoire et qui seront comme un des nombreux piloris auquel sera cloué cet homme funeste.

*
* *

Faidherbe est un des hommes qui sembleraient n'avoir pas d'ennemis, et devoir être respecté par tous les Français, sinon admiré par un grand nombre.

Victime de son dévouement à sa patrie, il subit pendant plus de quarante années les souffrances les plus aiguës, et quoique cela il ne resta pas inactif ; il fit son devoir, plus que son devoir, si l'on peut dire ainsi, pendant la campagne de 1870-71.

Eh bien ! après s'être dévoué, consacré, tué, il s'est trouvé des individus, indignes du nom de Français, pour insulter ce citoyen de cœur, ce grand patriote, ce ce grand républicain, pour cracher la haine et la calomnie sur le cadavre à peine refroidi de Faidherbe.

Les patriotes du département du Nord, à quelque parti qu'ils appartiennent, ont frémi d'indignation et de dégoût en lisant l'ordure vomie par Cassagnac, dans son dépotoir : l'*Autorité*.

Cette indignation s'est traduite par un défi envoyé à ce canard fanfaron, à ce spadassin qui insulte les morts, alors qu'il n'osait, eux vivants, les regarder en face. Il n'y répondra pas plus qu'il ne reproduira cette lettre.

*
* *

Voici comment était rédigé ce cartel :

M. P. Granier de Cassagnac,
Roi des lâches,
Rédacteur du journal l'*Autorité*,
Paris.

Vous avez bavé lâchement, comme toujours, sur le cadavre de notre regretté Faidherbe, un héros ! Vous n'avez même pas eu le respect des morts, monstre !

Les soussignés vous considèrent à votre juste valeur, comme un être malfaisant, et sont déterminés à verser à la caisse du bureau de bienfaisance de Lille la somme de 500 francs, si vous ou votre Paul de Léoni, un autre lâche, avez la témérité de venir à Lille articuler ce que vous avez écrit. Si vous n'avez jamais commis dans votre vie une bonne action, l'occasion est offerte de la faire. Sacrifiez votre peau et les pauvres gens y gagneront 500 francs.

« Ce défi est porté à toute votre administration. Nous adressons copie de la présente à votre cousin Lissagaray qui doit vous connaître ».

(Suivent les signatures et adresses).

La période électorale est enfin terminée. Arguera-t-on, encore cette fois, que ce n'est pas fini ? Soutiendra-t-on que cette aventure scandaleuse du boulangisme puisse aboutir et servir à quoi que ce soit ?

Après avoir tout remué de fond en comble, sur tout le territoire de la France, après une campagne électorale sans pareille dans nos annales, après un gaspillage considérable d'argent louche, après avoir répandu force invectives, diffamations et calomnies ; à quoi les partisans de cette éternelle équivoque sont-ils parvenus ?

A un monstrueux soufflet !

L'emballement des masses ne dure pas, les dissimulations malsaines, les alliances ignobles non plus. Le peuple s'est ravisé, il a compris que cet étrange inconnu, fait de monstrueuses compromissions ne pouvant en aucune façon faire son bonheur.

Il n'a pas voulu changer son borgne contre un aveugle. Et après une débauche de proclamations dans lesquelles il était considéré comme le « seul juge », « il a été jugé».

L'Etoile a filé... la légende est éteinte. Le verdict du peuple est sans appel. N-i-ni c'est fini ! Bien fini cette fois !

Il y a dans la vie des peuples, des emballements impénétrables autant qu'incompréhensibles.

Il y a dans l'homme deux façons d'être qui influent considérablement sur les masses. Il y a l'homme insatiable de réclame, de popularité, par tous les moyens, coûte que coûte, et quand même ; et l'homme humble. Le dernier vaut souvent davantage que l'autre, et est souvent bien moins connu. Ainsi, puisque nous avons parlé déjà de ces deux hommes, accouplons-les un instant — je demande pardon à Faidherbe de pareille promiscuité — Faidherbe et Boulanger ! Ce dernier, sous tous les rapports, ne vaut pas la centième partie du premier ; il ne lui va pas à la cheville ; il n'a jamais rendu la millième partie des services que l'autre a rendu à son pays, et pourtant Boulanger a eu plus de popularité que Faidherbe !

La valeur de ces deux hommes n'est pas comparable, et l'un était et fût presque toujours oublié, tandis que l'autre — on se demande pourquoi — fut glorifié d'une

façon inconsidérée. Le même fait se produit encore en
ce moment à l'occasion de la mort d'un peintre. Combien connaissent Jules Dupré ? Il a fallu la mort du
vieux paysagiste, pour qu'on reparle un peu de lui et
pour savoir ainsi qu'il vivait encore.

C'est pourtant un des maîtres du paysage français,
une des gloires de la génération de 1840. Un de la
pléïade parmi lesquels nous sommes heureux de compter des Corot, Théodore Rousseau, Diaz, Delacroix,
Daubigny, Troyon, Huet, Cabat, qui avaient délaissé
l'article académique pour marcher de l'avant, et former
cette phalange qui fut tour à tour romantique, réaliste,
naturaliste, impressionniste.

Dupré n'était pas un de ces avides de popularité ;
c'était un humble. C'est pourquoi, malgré son talent, sa
valeur, il fut presque inconnu et oublié comme Faidherbe, alors que, comme Boulanger, d'autres médiocrités de l'art, ont su se faire valoir et tiennent le haut
du pavé — bien que sans valeur. Ainsi va le monde.
Changera-t-il ?

Le Lion de Belfort.

(*Montrougien* du 13 Novembre 1889).

Nota : On connait notre sentiment sur la statuomanie.

Nous sommes partisan de l'érection d'une statue aux
grands hommes, pour servir d'exemple aux générations
qui suivent en faisant connaitre leur œuvre utilitaire,
quoi qu'elle soit. Mais nous sommes l'adversaire du
cumul des statues, comme par exemple celles de Thiers,
Gambetta et *tutti quanti* qui en ont aux quatre coins de
la France. C'est un abus.

C'est pourquoi nous ne sommes pas partisan des
statues à Faidherbe qu'on veut lui élever à St-Quentin et
à St-Louis, du Sénégal, où il fut gouverneur, pour la
simple raison qu'il en a déjà une à Lille.

Pour Anatole de la Forge, je ne sache pas qu'il a la
sienne, on lui doit

Ernest MUSEUX

OUVRAGES DU MÊME AUTEUR

Les Défenseurs du Prolétariat :

  I. — **Ernest Pichio et son œuvre** . . . . 1 vol.

  II. — **Eugène Pottier et son œuvre**, 1 fr. 1 »

Portraits d'Hier, n° 32 (Eugène Pottier) 1 br. 0.25

Albert Regnard et Wagner . . . 1 br. 0.40

    A Paraître :

Les Défenseurs du Prolétariat (suite) :

  III. — **Argyriadès** . . . . 1 vol.

  IV. — **Eugène Chatelain** . . . . . 1 »

  V. — **Amilcare Cipriani** . . . . . 1 »

Ceux de 1871 . . . . 1 vol.

Bastilles et Oubliettes modernes . . . 1 »

Histoire du Chant « L'Internationale »
  ses auteurs, ses propagandistes . . . 1 »

Polémiques (Attaques et Ripostes) . . . 1 »

De Paris aux Départements (lettres Social.) 1 »

Contes, Nouvelles, Ballades . . . . 1 »

Sanguines et Fusains . . . . . . 1 »

Miettes Politiques et Littéraires . . . 1 »

Nos Morts . . . . 1 »

Des actes . . . . 1 »

L'Ecole Décadente . . . . . . 1 br.

Visite à Jean . . . . 1 »

Catholicisme et Libre-Pensée . . . . 1 »

Séverine et Le Lion de Belfort . . . 1 »

Abstentionnistes et Votards . . . . 1 »

L'Union avant l'Unité . . . . . . 1 »

Pour 1912. — Almanach Eugène Pottier . 1 »

Imp. E. MUSEUX

9 782012 785205